Luis Ramon Heim Trejo

# Índice.

*"El cliente no compra un producto, compra la forma en que ese producto lo hace sentir." - Peter Drucker*

# Prólogo.

## La Ruta hacia el Sí: Dominando las Ventas en Clubes Vacacionales.

En el fascinante universo de las ventas de clubes vacacionales, nos aventuramos juntos en "La Ruta hacia el Sí: Dominando las Ventas en Clubes Vacacionales". Este libro es más que una guía; es un compañero de viaje diseñado para aquellos valientes vendedores de la industria de tiempos compartidos que buscan excelencia y éxito en su carrera.

Imaginemos un viaje: una carretera llena de curvas, cada giro presentando oportunidades y desafíos. ¿El destino? El ansiado "Sí" de nuestros clientes, la puerta de entrada a experiencias vacacionales inolvidables.

En este libro, exploraremos las bases sólidas que sustentan las ventas en clubes vacacionales, desglosando las complejidades de la persuasión y la conexión emocional. Desde los fundamentos hasta las estrategias avanzadas, cada capítulo es una etapa crucial en el desarrollo de habilidades y competencias esenciales.

Así como un viajero se prepara meticulosamente para el camino, nosotros nos sumergiremos en técnicas probadas, casos de estudio inspiradores y reflexiones finales que te guiarán hacia el cierre exitoso, el "Sí" definitivo que se convierte en el hito de nuestro viaje.

Este no es solo un libro; es un itinerario detallado para la excelencia en las ventas. Prepárate para embarcarte en un viaje que transformará no solo tus habilidades profesionales, sino también tu perspectiva sobre la industria de clubes vacacionales.

La carretera es larga, pero cada página te acerca al destino deseado. ¡Bienvenido a "La Ruta hacia el Sí"!

# Capitulo 1.
# Introducción.

## Descubriendo mi Pasión.

Este libro no nace sólo de mi experiencia profesional, sino de una pasión profunda por las historias que se crean alrededor de cada venta. Comencé en este camino con un anhelo de convertir cada interacción en una oportunidad para ofrecer experiencias únicas y memorables. Mi propia evolución refleja la transformación constante que caracteriza a la industria de clubes vacacionales.

## Estrategias para el Éxito.

En "La Ruta hacia el SÍ", desmenuzaré estrategias que han resistido la prueba del tiempo y adaptado mi enfoque para abrazar la innovación. Desde los primeros días de mi carrera en la ciudad de MAZATLÁN hasta los desafíos actuales de un mundo en constante cambio, compartiré las estrategias que han sido fundamentales para alcanzar el "sí" definitivo.

## Lecciones de una Carrera en Constante Evolución.

Cada capítulo es una ventana a las lecciones aprendidas, tanto en la cima de los éxitos como en las profundidades de los desafíos. Examinaremos no solo lo que funciona, sino las lecciones valiosas que solo surgen de enfrentar la adversidad y adaptarse a un panorama empresarial en constante cambio.

## Un Compromiso con la Autenticidad.

En estas páginas, me comprometo a ser auténtico y transparente. Les contaré no solo sobre los logros, sino también sobre los momentos difíciles y cómo surgieron de ellos las oportunidades más valiosas.

"La ruta hacia el SI" no es solo un libro; es una conversación, una mentoría virtual donde comparto mi experiencia para empoderar a cada lector en su propio viaje en las ventas de clubes vacacionales. Estoy emocionado de que me acompañen en este emocionante recorrido hacia el éxito en las ventas.

# Capítulo 2: El Arte de Persuadir: Fundamentos y las Tres Cuerdas del Corazón.

*"La persuasión es la clave del liderazgo eficaz. No es solo acerca de lo que dices, sino de cómo lo comunicas." - desconocido.*

## 2.1 Definiendo la Persuasión en Ventas.

**Persuadir:** En el contexto de las ventas de clubes vacacionales, persuadir no es simplemente convencer a alguien de comprar un producto, sino más bien, es el arte de influir sutil y efectivamente para que el cliente vea el valor de la experiencia que se le ofrece. La persuasión implica crear una conexión significativa que va más allá de la transacción, apelando a las emociones y necesidades más profundas del cliente.

# 2.2 Pasos Fundamentales para la Venta.

### Paso 1: Establecer una Conexión Personal.
La base de toda persuasión efectiva radica en establecer una conexión personal con el cliente. Antes de presentar destinos o beneficios, es crucial comprender quiénes son, cuáles son sus deseos y cómo se relacionan con los viajes y experiencias familiares.

### Paso 2: Despertar Interés con Historias de impacto.
Contar historias poderosas sobre destinos y experiencias puede despertar el interés de manera única. Al pintar imágenes vívidas y emocionantes, se crea una conexión emocional que va más allá de la información superficial.

### Paso 3: Identificar Necesidades y Deseos.
La persuasión efectiva implica escuchar atentamente. Identificar las necesidades y deseos del cliente permite personalizar la oferta, mostrando cómo la experiencia propuesta puede satisfacer sus aspiraciones y crear recuerdos duraderos.

### Paso 4: Presentar una Propuesta Irresistible.
Una vez que se comprenden las motivaciones del cliente, la presentación debe ser irresistiblemente atractiva. Desde beneficios exclusivos hasta ofertas personalizadas, la propuesta debe destacar el valor único que se ofrece.

**Paso 5: Manejar Objeciones con Empatía.**

Las objeciones son inevitables, (y tambíén necesarias) pero abordarlas con empatía y comprensión refuerza la confianza del cliente. Este paso implica anticipar posibles preocupaciones y ofrecer soluciones que refuercen la decisión de compra.

**Paso 6: Cierre con Confianza.**

El cierre es el resultado natural de una persuasión efectiva. Al cerrar con confianza y seguridad, se consolida la decisión del cliente, creando una sensación de logro y satisfacción.

# 2.3 Las Tres Cuerdas del Corazón: Familia, Orgullo y la Apreciación de la Vida.

### *2.3.1 Familia.*

La familia es una cuerda emocional fundamental. Al destacar cómo la experiencia propuesta fortalecerá los lazos familiares y creará recuerdos compartidos, se toca el corazón del cliente, creando una conexión poderosa. (Nadie se resiste a hablar de su familia).

### *2.3.2 Orgullo.*

El orgullo personal y familiar es una cuerda que puede influir enormemente en la decisión de compra. Resaltar cómo la experiencia propuesta elevará el estatus y la satisfacción personal puede ser un catalizador para el cierre.

### 2.3.3 Apreciación de la Vida.

La vida es efímera y valiosa. Presentar la experiencia como una oportunidad única e inigualable no solo toca el sentimiento de pérdida sino también la apreciación de la vida. Resaltar que las experiencias compartidas son una inversión en momentos significativos y la creación de recuerdos invaluables.

## 2.4 Ejemplo Práctico.

Imaginemos a una pareja, Luis y María, que desean unas vacaciones familiares inolvidables. Al destacar cómo la propuesta no solo cumple con sus deseos de aventura y relajación, sino que también fortalecerá los lazos familiares, se apela a la cuerda emocional de la familia.

Al presentar la experiencia como única y limitada, se toca el sentimiento de pérdida, generando la urgencia de tomar una decisión. Además, resaltar cómo esta experiencia única es una celebración de la vida y una inversión en momentos valiosos refuerza la persuasión, llevándolos a dar el paso hacia unas vacaciones inolvidables. (Buen momento para hacer un excelente

DISCOVERY en tu desayuno o en el punto donde estas haciendo mucha empatía con la familia).

Este capítulo proporciona una comprensión profunda de la persuasión en ventas, aplicando estos principios a través de las cuerdas emocionales de la familia, el orgullo y la apreciación de la vida, creando una guía práctica para influir efectivamente en la decisión del cliente.

# Capítulo 3: Destinos Irresistibles.

*"Nuestro destino nunca es un lugar, sino una nueva forma de ver las cosas." - Henry Miller.*

## 3.1 Presentación Atractiva.

### 3.1.1 La Importancia de una Presentación Atractiva.

En el competitivo mundo de las ventas de clubes vacacionales, la primera impresión es crucial. Este capítulo se sumerge en la importancia de crear presentaciones visuales que no solo informen, sino que también cautiven. La presentación atractiva no solo se trata de mostrar destinos, sino de vender experiencias únicas.

### 3.1.2 Elementos Clave de una Presentación Atractiva.

Desde imágenes vibrantes hasta un diseño gráfico cautivador, este apartado explora los elementos que componen una presentación visualmente atractiva. ¿Cómo puedes asegurarte de que cada detalle visual refuerce la irresistible llamada de tus destinos? Descubre como la elección de colores, la disposición de las imágenes y la consistencia visual juegan un papel crucial en el impacto general.

## 3.2 Despertar Interés.

### 3.2.1 Consejos para una Presentación Impactante.

No basta con mostrar imágenes; es necesario contar historias visuales que despierten la emoción del cliente. Este apartado proporciona consejos prácticos sobre cómo presentar destinos de manera emocionante y memorable. ¿Cómo puedes utilizar la narrativa visual para transportar a los clientes a las experiencias únicas que ofrece cada destino? Descubre estrategias efectivas para capturar la atención desde el principio.

### 3.2.2 Manteniendo el Interés a lo Largo de la Presentación.

El interés del cliente es valioso y, una vez capturado, debe ser mantenido a lo largo de toda la presentación. Este segmento explora estrategias para evitar que la atención de los clientes decaiga. ¿Cómo puedes mantener cada destino irresistible hasta el final de la presentación? Descubre la importancia de la variedad, la sorpresa y la relevancia continua.

## 3.3 Herramientas Visuales para la Seducción.

3.3.1 Uso Estratégico de Imágenes y Videos.

Las imágenes y videos son las herramientas principales en la creación de presentaciones irresistibles. Aquí, aprende a utilizar estas herramientas de manera estratégica para resaltar la belleza y singularidad de cada destino y de cada punto de valor que ofrece tu club vacacional. ¿Cómo puedes seleccionar imágenes que evocan emociones específicas y videos que sumergen al cliente en la experiencia del lugar?  En ocasiones obtenemos respuestas no muy buenas de nuestros prospectos, cuando solo usamos imágenes y pasamos a ser solo !DEMOSTRADORES¡ de habitaciones, o de un hotel o un Pitch de ventas robótico, lo cual te aseguro nunca es una experiencia agradable para tu cliente, tienes que partir de la base fundamental de que tu cliente no deja de ser una PERSONA y tu eres una PERSONA tratando de venderle algo que claramente el no sabia que quería antes de llegar contigo ( estamos de acuerdo que nadie quiere ir de vacaciones y llevarse una deuda de unos miles de dólares a casa  así sin mas). Entonces partiendo de esa base tu misión es enamorar a tus clientes de las cosas que no esperaría encontrar, dandole  un valor agregado y el porque debería de comprarte a ti ese día, para que esa deuda se vuelva una necesidad tan grande que no le importe gastar esos miles de dólares en tu desarrollo.

Ejemplo:

**Vendedor:** *Este es nuestro hotel en Punta Cana, y estas son las habitaciones que usarían ustedes sr. Luis y sra. Maria (mostrándolo en una tableta).*

Te hago la pregunta a ti, ¿este vendedor esta seduciendo? O ¿demostrando?

El vendedor podría intentar algo así:

**Vendedor:** *vamos a imaginar que estas festejando el aniversario de bodas numero 10,15,20,30 o 50, ¿seria buena idea hacerlo mientras ves un atardecer de colores que van desde los naranjas hasta los morados desde esta habitación, pagando solamente una parte de lo que ya normalmente pagarías?    O ¿acaso estas peleado con tu billetera y el bienestar de tu familia?*

De esta manera puedes generar más empatía y una relación mas solida con tu cliente seduciendo y dirigiéndolo hacia el SÍ definitivo

3.3.2 Personalización de la Experiencia Visual.

Cada cliente es único, y la presentación debe reflejar eso. Descubre cómo personalizar la experiencia visual según las preferencias individuales del cliente. ¿Cómo adaptar la presentación para resaltar los aspectos de cada destino que más resuenen con los intereses de cada persona? La personalización no solo crea presentaciones más efectivas, sino que también hace que cada destino sea irresistiblemente atractivo para cada cliente, no podrás llegar a este punto si no logras conectar con tu cliente de manera genuina, así que debes dominar este concepto y actualizar tu descubrimiento de información para usarlo en este punto antes de siquiera intentar dar un precio o pre-explicar los costos y beneficios del mismo, recuerda: SON PERSONAS que ven, escuchan, sienten, huelen  y hasta saborean las cosas igual que lo hacemos todos, en base a sus sentidos deberas dibujar en su mentes, hablarles bonito, hacerlos sentir, oler o saborear lo que normalmente no tienen cuando están en su vida diaria en sus ciudades, como el smog, el estrés del trafico, el ruido de una ciudad grande, la vista desde su oficina, el llevar y traer a sus hijos a la escuela y sus rutina diarias, es por estas razones que pagan vacaciones, incluso si ellos no lo saben, es por ello la importancia de personalizar   la experiencia visual en todos su sentidos.

## 3.4 Ejercicio Práctico: Creando una Presentación Irresistible

En este ejercicio, aplicaras los conceptos aprendidos para crear una presentación visual irresistible de un destino específico. Desde la selección de imágenes hasta la narrativa visual, los participantes aprenderán a hacer que un destino sea irresistible a los ojos y deseos de los clientes. Este ejercicio proporcionará una oportunidad práctica para perfeccionar las habilidades recién adquiridas y aplicarlas en situaciones reales de ventas.

Este capítulo le ofrece herramientas prácticas y estrategias efectivas para presentar destinos de manera atractiva y emocionante, contribuyendo a la habilidad general de dominar las ventas en la industria de clubes vacacionales.

3.4.1 Creación de una Historia Visual Irresistible.

En este ejercicio práctico, te sumergirás en la creación de una presentación visual irresistible para Luis y Maria, una pareja imaginaria con gustos y preferencias únicas. El objetivo es construir una historia que no solo muestre destinos atractivos, sino que también involucre a la pareja de manera personal y entretenida.

3.4.2 Preguntas Estratégicas y Anécdotas.

- Presentación Inicial:

    **Vendedor:** "¡Luis y Maria! Imaginen que están en la primera fila de un teatro. Las luces se atenúan, y comienza la presentación de los destinos más emocionantes y excitantes . ¿Cuál sería el primer destino y la primera imagen que quisieran ver?

- Adaptación Personalizada:
    **Vendedor:** "Veo que les encanta la naturaleza. ¿Recuerdan alguna anécdota divertida relacionada con sus experiencias al

aire libre? Quiero incorporar esos momentos únicos en la presentación."

- Despertar Interés Continuo:

   **Vendedor:** "Ahora, cambiando un poco el tono, ¿cuál sería la experiencia más emocionante que hayan compartido juntos? (Quiero asegurarme de mantener esa chispa de emoción a lo largo de la presentación)."

- Herramientas Visuales Interactivas:

   **Vendedor:** "Imaginen que tienen una varita mágica para personalizar su propia experiencia de viaje. ¿Qué elementos añadirían para que sea la aventura perfecta? Vamos a integrar esas ideas en la presentación."
   Cierre Persuasivo:

   **Vendedor:** "Finalmente, cuando piensan en el destino de sus sueños, ¿cómo visualizan el momento en que dicen 'sí' a esa experiencia?"

   Quiero capturar ese momento exacto para llevar la emoción al limite.

Este ejercicio te desafiará a aplicar preguntas estratégicas y anécdotas para construir una narrativa visual irresistible y personalizada. ¡Prepárate para explorar la creatividad y la conexión emocional mientras te conviertes en el maestro de ceremonias de la historia perfecta de Luis y Maria!

## 3.5 Preguntas Pre-Cierres: Asegurando el "Sí" Irresistible

### 3.5.1 Estrategias para Preguntas Pre-Cierres

Ahora que hemos construido una presentación visual cautivadora para Luis y Maria, es momento de sellar el trato. Las preguntas pre-cierres son una herramienta clave para guiar a tus clientes hacia la decisión positiva. Enfocadas en obtener un "sí", estas preguntas refuerzan la conexión emocional y consolidan el deseo de explorar esos destinos irresistibles.

### 3.5.2 Diálogo Interactivo con Luis y Maria.

Confirmación de Preferencias:

**Vendedor:** "Luis, Maria, después de esta emocionante presentación, ¿no les encantaría explorar esos destinos con la posibilidad de tener aventuras aún más inolvidables juntos?"

Alineación de Experiencias Pasadas:

**Vendedor:** "Recuerdo que compartieron una anécdota increíble sobre su viaje pasado. ¿No sería maravilloso crear más recuerdos como esos en nuestros próximos destinos?"

Invitación a la Imaginación:

**Vendedor:** "Ahora, cerrando los ojos, visualicen el destino perfecto que hemos creado juntos. ¿No sería emocionante dar el paso y convertir esa visión en realidad?"

Énfasis en la Exclusividad:

**Vendedor:** "Considerando todas las personalizaciones que hemos agregado, ¿no sería una oportunidad única disfrutar de una experiencia tan hecha a medida que solo ustedes podrían tener?"

Cierre con Emoción:

**Vendedor:** "Luis, Maria, puedo sentir la emoción en el aire. ¿No sería simplemente irresistible decir 'sí' a esta oportunidad y comenzar la próxima gran aventura juntos?"

### 3.5.3 Sintonización Final para el "Sí"

Este segmento se centra en la sintonización final antes de llegar al cierre completo. Cada pregunta está cuidadosamente diseñada para obtener respuestas afirmativas y se deben personalizar para el desarrollo donde usted labora, usando los mejores SPOTS de su Hotel, preparando el terreno para el momento decisivo. La clave aquí es consolidar la conexión emocional y asegurarse de que cada "sí" sea más irresistible que el anterior.

Estas estrategias de preguntas pre-cierres te ayudarán a guiar a Luis y Maria hacia una decisión positiva y a sellar el trato de manera efectiva. A medida que avanzas hacia el cierre, recuerda mantener la emoción y la conexión que has construido a lo largo de la presentación. ¡Prepárate para el "sí" irresistible!

# Capítulo 4: Conociendo a tu Cliente.

*"El cliente no es un interruptor de encendido y apagado; es un ser humano que decide." - Gerry McGovern.*

## 4.1 Importancia del Conocimiento del Cliente.

### 4.1.1 Exploración del Conocimiento Profundo.

En este capítulo, nos sumergiremos en la importancia de conocer a tu cliente a un nivel profundo. Más allá de datos básicos, exploraremos cómo el entendimiento detallado de las preferencias, experiencias pasadas y aspiraciones del cliente puede marcar la diferencia en el proceso de ventas de clubes vacacionales.

### 4.1.2 Material Gráfico para Conectar.

El material gráfico puede desempeñar un papel crucial en la construcción de este conocimiento. Desde fotos de experiencias pasadas hasta imágenes que evocan emociones, descubrirás como estas herramientas visuales pueden revelar información valiosa sobre las preferencias y expectativas del cliente, en el caso de contar con tu dispositivo móvil o tableta, es sumamente importante que muestres experiencias propias y genuinas (si no lo compras, no lo vendes) es importante que puedas utilizar historias de terceras personas o tuyas en tercera persona, en un ejercicio practico te mostraré como después de conectar con tu prospecto puedes hacer uso de una historia de vacaciones que puede influir de manera contundente al debatir con clientes potencialmente EVASIVOS.

## 4.2 Adaptación de Presentaciones.

### 4.2.1 Métodos Prácticos.

Dentro de los métodos prácticos para adaptar las presentaciones de ventas a las necesidades y deseos específicos de cada cliente, lo importante es  ajustar el contenido con cambios en el tono de la presentación, personalizar cada interacción para maximizar el impacto, este concepto es muy importante dentro de tu presentación de beneficios, personalizando las imágenes visuales que puedes tener dentro del complejo grupo de complejos apoyando ya sea con material dentro de tableta electrónica, Catálogos o folletos (siempre mantente profesional)

4.2.2 Preguntas Estratégicas.

Introduciremos preguntas estratégicas de primer, segundo y tercer nivel para obtener información clave y construir un perfil detallado del cliente. Estas preguntas están diseñadas para generar un interés genuino y demostrar una comprensión profunda, creando una base sólida para adaptar la presentación. Ahora bien ¿qué son estas preguntas? y ¿porque pueden generar alto impacto en tu prospecto?

Empecemos con el ***primer nivel,*** En efecto su nombre lo dice, son preguntas superficiales enfocadas en algo que quieres descubrir sobre tu cliente; ejemplo: *¿porque son importantes las vacaciones para ti Luis?.*

El ***segundo nivel*** buscará información mas profunda de nuestra pareja; ejemplo: *Luis el año tiene 52 semanas, ¿cuántas de estas estas realmente disfrutando con tu familia al 100%, es decir hacer todo juntos?*

Buscamos que nuestro prospecto se dé cuenta que nuestro club le puede permitir pasar experiencias inolvidables con su familia sin que tú se lo menciones directamente y probablemente te de información que deberás guardar para el cierre final.

El ***tercer nivel*** debe ayudarte a generar un compromiso genuino basado en sus emociones, lo que te ayudara a construir relaciones solidas y tomando la información de las otras dos preguntas; Ejemplo: supongamos que Luis contesto lo siguiente a las primeras dos preguntas (basado en experiencias personales): *primer nivel:* pues son importantes porque necesito salir de la rutina.

*Segundo nivel:* Pues realmente nunca me había puesto a pensar así, pero es una semana aproximadamente por año, en ocasiones no me permite mi trabajo hacer más de una vacación y cuando estamos en casa normalmente no tenemos mucho tiempo y llego algo tarde del trabajo.

*Tercer nivel:* Luis, si tu supieras en verdad que solo te restan 6 meses de vida, ¿Que tan importante seria tu ultima vacación con tu esposa, hijos, mamá, papá, hermanos, etc.?¿ y a dónde irías? O ¿cómo vivirías tus últimos momentos en la tierra? En este punto y si vas a usar este tipo de técnicas de venta, deberas ser muy cuidadoso ya que es muy probable que toques fibras sensibles si tu prospecto perdió algún familiar o estuvo cerca de la muerte, pero generaras un impacto muy fuerte en sus vidas lo que conlleva a que sus sentimientos estarán a flor de piel y es aquí donde tomas *la cuerda del corazón* que vimos en capitulo anteriores y aprietas ese botón que te abrirá las puertas del cierre final, sea cual sea la estrategia de tu cliente para no comprar.

## 4.3 Herramientas Visuales para la Adaptación.

4.3.1 Utilizando Material Gráfico de Manera Estratégica
Exploremos cómo utilizar material gráfico para resaltar aspectos específicos de la oferta que coincidan con las

preferencias del cliente, demostrando la versatilidad del material gráfico.

### 4.3.2 Presentaciones Dinámicas.

La idea de presentaciones dinámicas que evolucionan en tiempo real según las respuestas y reacciones del cliente, suena un tanto complicada si tomamos en cuenta la actualidad de la información y los medios de difusión y mercadotecnia (sin contar con que hoy nuestra industria esta un tanto sublevada). Descubrirás cómo estas presentaciones pueden ser modificadas sobre la marcha para ser altamente efectivas y mantener la atención y el interés del cliente, es TOTALMENTE IMPORTANTE manejar un alto nivel de energía durante nuestra presentación, con ello nuestros clientes no se sentirán aburridos y te pueden regalar una oportunidad genuina para negociar con éxito y crear un lazo personal que perdurara lo suficiente para que tu Gerente, Director de proyecto o supervisor tenga la certeza y confianza en que eres el representante ideal para su marca, desarrollo o club de vacaciones.

## 4.4 Ejercicio Práctico: Construyendo un Perfil Visual del Cliente.

En este ejercicio práctico, te sumergirás en la construcción de un perfil visual detallado para un cliente ficticio. La idea es aplicar las estrategias de preguntas y material gráfico para adaptar una presentación de ventas de clubes vacacionales a las preferencias específicas de este cliente.

### 4.4.1 Descripción del Cliente Ficticio.

Imagina a un cliente llamado Juan, un amante de la aventura y la tranquilidad a partes iguales. Le encanta la naturaleza, disfruta de experiencias culturales y valora la exclusividad en sus viajes. Su familia es fundamental para él, y sueña con crear recuerdos duraderos en destinos únicos.

### 4.4.2 Preguntas Estratégicas.

Explorando Preferencias:
**Vendedor:** "Juan, cuéntame, ¿cuál ha sido tu experiencia de viaje más memorable hasta ahora? Quiero entender que aspectos valoras más en tus aventuras."

Conexión con la Familia:
**Vendedor:** "Hablemos de tu familia. ¿Hay alguna actividad o destino que te gustaría compartir con ellos y que se convierta en un recuerdo inolvidable?"

Descubriendo Experiencias Culturales:
**Vendedor:** "Sabemos que aprecias las experiencias culturales. ¿Hay alguna tradición

o evento cultural que te haya dejado una impresión duradera?"

### 4.4.3 Material Gráfico Estratégico.

Imágenes de Aventuras Pasadas:
**Vendedor:** "Mira estas fotos de experiencias similares a las que disfrutas. ¿Cuál de estas actividades te parece más emocionante y alineada con tu espíritu aventurero?"

Destinos Exclusivos:
**Vendedor:** "Aquí te presento destinos exclusivos que ofrecen experiencias únicas. ¿Te gustaría explorar estos lugares donde la tranquilidad se encuentra con la exclusividad?"

Enfoque en la Naturaleza:
**Vendedor:** "Estas imágenes capturan la belleza natural de diferentes destinos. ¿Qué paisaje te atrae más y te hace sentir en armonía con la naturaleza?"

### 4.4.4 Creación del Perfil Visual.

Con las respuestas de Juan y el material gráfico seleccionado, construirás un perfil visual que destaque las preferencias específicas de este cliente. La presentación resultante será personalizada y adaptada a sus gustos, garantizando una conexión emocional más profunda y aumentando las posibilidades de una venta exitosa.

4.4.5 Reflexión Post-Ejercicio.

Al final del ejercicio, reflexionarás sobre el proceso y las lecciones aprendidas. ¿Cómo aplicarías estos conceptos en situaciones reales de ventas? Este ejercicio práctico te equipará con habilidades valiosas para conocer a tus clientes y personalizar tus enfoques de ventas de manera efectiva.

# Capítulo 5: Manejo de Objeciones con Elegancia.

*"La objeción es el camino hacia la perfección."* -
*Alfred de Musset.*

En este capítulo, exploraremos cómo abordar las objeciones con elegancia, transformándolas en oportunidades para fortalecer la conexión con el cliente y avanzar en el proceso de ventas. A través de un diálogo entre el vendedor y un cliente, veremos cómo enfrentar diversas objeciones de manera hábil y persuasiva, tienes que aprender a diferenciar cuando una objeción es real o es una condición, ese es tu reto mas grande, pero solo la experiencia y el estar en mesa todos los días te ayudará a distinguir una de otra; una venta sin objeciones ¿es factible? Sí, en algunos casos dentro de la industria lo conocemos como laid down, pero hay condiciones muy especificas para que esto suceda en verdad, es un referido de un cliente que le ha ido super bien o es un amante de la marca de hoteles que vende el club vacacional, si no hay alguna condición como esta en tu cliente, ¡cuidado!. Pero tienes que tener claro que las objeciones pueden ser tus mejores amigas en la venta, siempre y cuando aprendas a debatirlas correctamente y con ¡ELEGANCIA!. Podríamos hacer una lista completa de objeciones comunes y como debatirlas, lo importante para mí es que sepas que quien se enoja pierde, no puedes enojarte y en ocasiones (en el 90% de los casos) quédate callado, haz una pausa, respira y responde  la objeción por mas tonta que esta parezca, al final tu cliente esta de vacaciones y eso le esta costando unos cuantos dólares.

## 5.1 Estrategias Efectivas.

**Cliente:** "Me parece que el costo es un poco elevado. ¿No hay opciones más asequibles?"

**Vendedor:** "Entiendo completamente la importancia de encontrar la mejor opción. Podemos explorar algunas opciones de financiamiento flexibles que se ajusten a tu presupuesto, porque aun así estas de vacaciones con todos tus gastos y compromisos ¿no?"

## 5.2 Convertir Objeciones en Oportunidades.

**Cliente:** "He escuchado historias negativas sobre vacaciones en clubes, Membresias, hoteles. ¿Cómo puedo estar seguro de que esta será una buena experiencia?"

**Vendedor:** "Es comprensible que quieras asegurarte de la calidad de la experiencia. Permíteme compartirte testimonios de clientes que inicialmente compartían tus preocupaciones y que, después de disfrutar de nuestras ofertas, tuvieron experiencias increíbles. Además, te ofrecemos garantías y medidas especiales para garantizar tu satisfacción. ¿Te gustaría conocer más acerca de nuestras garantías y políticas?"

## 5.3 Diálogo Interactivo.

**Cliente:** "No tengo tiempo para viajar tanto como ofrecen. Mi trabajo es muy demandante."

**Vendedor:** "Entiendo la importancia de tu carrera y tu tiempo. ¿Te gustaría explorar opciones de paquetes que se adapten a tu agenda? Podemos personalizar ofertas que maximicen tus períodos de tiempo libre y aún así te brinden experiencias inolvidables."

## 5.4 Personalización y Empatía.

**Cliente:** "No estoy seguro de que este sea el momento adecuado para comprometerme a algo así."

**Vendedor:** "Comprendo que tomar decisiones importantes requiere un momento oportuno. ¿Podría decirme qué aspectos te hacen dudar en este momento? Tal vez podamos adaptar la oferta de acuerdo con tus circunstancias actuales."

## 5.5 Cierre Persuasivo.

**Cliente:** "Necesito pensarlo detenidamente antes de tomar una decisión."

**Vendedor:** "Tomarse el tiempo necesario es una decisión sabia. ¿Qué información adicional necesitas para sentirte más seguro en tu elección? Estoy aquí para proporcionarte todo lo que necesites y asegurarme de que tomes una decisión informada."

Este capítulo se centrará en técnicas efectivas para manejar objeciones con elegancia, transformándolas en oportunidades para fortalecer la relación con el cliente y avanzar hacia el cierre de la venta.

## 5.6 Diálogo Interactivo: No tengo tiempo para vacacionar.

**Cliente:** "No tengo tiempo para viajar tanto como ofrecen. Mi trabajo es muy demandante."

**Vendedor:** "Entiendo la importancia de tu carrera y tu tiempo. Déjame contarte una historia que podría resonar contigo. Conocí a una persona increíble llamada Francisco Mario de Durango. Entre 1985 y 1995, él tenía cinco videocentros y salía de vacaciones cada año a Mazatlan. Sin embargo, dejó de hacerlo en 1995, falleció en 1998, a sus 48 años.

"¿Por qué dejó de vacacionar? Francisco Mario decidió vender sus videocentros cuando Blockbuster llegó a Durango en 1995. Sabia que no era competencia para esa mercadotecnia gigantesca, él prefirió cambiar de rumbo. Vendió todo su equipo y películas, con el capital obtenido, compró una flotilla de siete taxis. A pesar de tener tres veces más dinero que antes, dejó de salir de vacaciones. ¿Te lo imaginas? Aunque su decisión inicial fue liberarse, el trabajo como dueño de taxis demandaba demasiado tiempo. Un chofer quedaba mal, otro chocaba, uno más fue asaltado, el servicio para un carro, las llantas del otro la descompostura de otro mas, así el trabajo le consumió tanto que olvidó el placer de tomar un descanso con su familia."

**Cliente:** "¿Pero con más dinero, no podía tomarse un tiempo libre?"

**Vendedor:** "Exacto, esa es la paradoja. Aunque tenía más dinero, el tiempo se volvió su recurso más escaso. Así que, ¿por qué te comparto esta historia? Para ilustrar qué, a veces, la abundancia económica no garantiza tiempo para disfrutarla. Ahora, en tu caso, ¿cómo podríamos encontrar un equilibrio para que puedas disfrutar de unas merecidas vacaciones sin comprometer tu carrera?" Antes de que me contestes, me encantaría presentarte a Francisco. Obsérvalo bien, ahora, mira la

fotografía, en la contraportada, el niño, ¿no te parece conocido? Así es, soy yo y Francisco Mario Heim Soria mi señor padre, que falleció un 21 de abril de 1998, para mis hermanos y para mí, no existe una sola Membresía de un club vacacional, que nos permita ver un atardecer en la playa con nuestro padre, pero... para usted cliente si hay una alternativa.

Tú, querido lector ¡tienes en tu poder La alternativa que tu cliente necesita!  no seas envidioso y véndele, si logras hacerlo reflexionar sobre esta situación, no volverán a decirte que no tienen tiempo para vacacionar. Te invito a que desarrolles tu propia historia, con fechas, nombres y lugares, incluso yo hago esto a modo de historia de tercera persona mientras lo dibujo de una forma muy simple .

Este relato destaca cómo las decisiones laborales pueden afectar la capacidad de disfrutar de la vida, incluso cuando se tiene éxito financiero. Al conectar la historia con la situación del cliente, se abre la puerta a una conversación más profunda sobre el equilibrio entre trabajo y tiempo para el ocio.

# Capítulo 6: Estrategias Probadas: Lecciones de 15 Años de Experiencia.



## 6.1 Trayectoria Profesional, "De la Desesperación a la Inspiración".

En este capítulo, compartiré mi propia trayectoria profesional, llena de desafíos, aprendizajes y éxitos en la industria de ventas de clubes vacacionales. A lo largo de más de 15 años, he acumulado valiosas lecciones que han moldeado mi enfoque y estrategias.

Mi viaje en la industria de ventas de clubes vacacionales comenzó en Mazatlán, Sinaloa, México con tres meses de desesperación. No lograba vender absolutamente nada, y para empeorar las cosas, había un cerrador llamado Isaac que constantemente me decía que no vendía porque no entraba a cerrar a mis clientes. En mi mente, solo podía pensar en el término "mugre chilango", sintiendo la frustración de la falta de éxito. (Nada personal Isaac, amigo gracias por todo)

Después de tres meses de luchas constantes, llegó un día crucial. Me encontraba en los últimos lugares y decidí que ya no podía sostenerme en una ciudad lejos de mi natal Durango sin resultados positivos, sin poder pagar los gastos que implican estar fuera de casa. Ese día, cansado y desanimado, tomé la decisión de renunciar. Me despedí de mis compañeros, sabiendo que no pasaría más tiempo en esa línea de ventas.

Antes de irme, decidí entrar al baño para un último momento antes de abandonar la oficina y el complejo. Como suele suceder en los baños de hombres, los mingitorios tienen su propio código no escrito. Hay un espacio libre entre ellos, y existe una regla de oro: nunca hacer pipí al lado de otro hombre a menos que no haya más opción. En ese momento, Willie Bonano, (te extraño mucho viejo loco q.e.d.) el mejor vendedor de la sala en ese entonces, entró al baño y, sin seguir el protocolo, se puso a mi lado.

Pensé: "Argentino al fin de cuentas". Sin lavarse las manos (¡guácala!) después de hacer sus cosas, tocó mi nuca y me dijo con la voz de alguien que quiere impartir una lección paternal: "Vos Luisito, sos un Monstruo, eres buenísimo para vender..." (y yo pensé, claro, como he vendido algo). Pero su siguiente comentario cambió mi perspectiva para siempre: "En el momento que decidas quitarte ese chip dé negativo a positivo, despertarás a la bestia que llevas dentro."

Mi decisión de renunciar estaba tomada, pero ese día aún deparaba una sorpresa inesperada. Al salir del baño, noté que varios compañeros se escondían, y mi desconcierto creció. La pareja que llegaría (casi al momento de cerrar el registro de familias) a la sala   no cumplía con las expectativas habituales: recién casados, empapados de un parque acuático llamado Mazagua, sin tarjetas de crédito ni débito, hospedados lejos de la playa y desempleados. La situación era todo menos la ideal.

Luis Rosales, el gerente de la sala (otro argentino), me llamó sorpresivamente. Pasaron la lista de vendedores, todos se habían marchado o estaban en algún lugar escondidos y aunque estaba al final del orden, era mi turno. "Un último recorrido", me dijo Rosales. Aunque ya había renunciado, en mi mente pensé: *no tengo nada que perder* y comencé a trabajar.

Lo que siguió fue una de las peores interacciones de venta de mi vida. Traté a la pareja con arrogancia, contesté con un desinteresado "no sé" a todas sus preguntas e hice un recorrido rápido y desmotivado. Para las 1:45, P.M. ya estaba de regreso, cuando el promedio de tiempo era de 45 minutos, yo lo hice en 15.

Para empeorar las cosas, Isaac, el cerrador que no me caía bien, se unió a la mesa. Pero en cuestión de minutos, sucedió lo inimaginable: ¡vendimos el equivalente a $18,000 USD de CONTADO! ¿Cómo lo logró? No lo sé, pero el resultado fue asombroso. Después de indagar, descubrí que el padre del recién casado les había regalado una tarjeta de débito con un límite cercano a los $50,000 USD para que lo gastaran como quisieran. Isaac los convenció de invertir en una membresía vacacional a 99 años en lugar de malgastar el dinero.

La pareja estaba agradecida, y yo me sentía apenado por mi actitud previa. Antes de retirarme, el Director de Proyecto me llamó a su oficina y me entregó $10,000 pesos mexicanos, mucho más de lo que necesitaría para vivir un mes. Me dijo que si los tomaba, regresará al día siguiente con renovada energía para ser el primero en pasar. Debía devolverlos cuándo recibiera mi comisión, que calculó en cerca de $25,000 pesos mexicanos.

El resto de la historia ya lo conocen. Este giro inesperado marcó el comienzo de mi evolución en la industria de ventas de clubes vacacionales, enseñándome que en este mundo, las sorpresas pueden llegar en los momentos más inesperados y que el éxito a veces se encuentra donde menos lo esperamos.

Este momento, aunque peculiar, fue una llamada de atención que cambió mi mentalidad. Comprendí que el éxito no solo dependía de las habilidades de venta, sino también de la actitud y la mentalidad positiva. A partir de ese día, me propuse transformar mi enfoque, dejar atrás la desesperación y abrazar una mentalidad de éxito.

Aprendí que la venta va más allá de la técnica; es también una cuestión de creer en uno mismo y mantener una mentalidad positiva incluso en los momentos más desafiantes. Este episodio en el baño marcó el comienzo de mi transformación de vendedor desesperado a un "Monstruo" de las ventas.

## 6.2 Estrategias Iniciales y Evolución.

Comenzaré revelando las estrategias que implementé al principio de mi carrera y cómo han evolucionado con el tiempo. Desde enfoques de presentación hasta técnicas de cierre, exploraremos la adaptabilidad y flexibilidad que son esenciales para sobresalir en un entorno dinámico.

Mi experiencia en Mazatlán, desde la desesperación hasta el éxito inesperado, me enseñó una lección invaluable. Después de ese episodio, decidí cambiar mi enfoque y desarrollar estrategias más efectivas para alcanzar el éxito en la industria de ventas de clubes vacacionales.

### 6.2.1 Establecimiento de Metas Mensuales.

Comprendí la importancia de establecer metas claras y alcanzables. En lugar de solo esperar resultados, comencé a fijar metas mensuales realistas. Sin embargo, simplemente establecer metas no era suficiente, ya que todos podemos conocer el destino, pero no el camino.

### 6.2.2 División en Mini-Metas Semanales.

Inspirado por la estrategia de la Fórmula Uno, donde no gana el coche que da la vuelta más rápida ni el que truena el motor, sino el que lidera en la última vuelta, adopté la práctica de dividir mis metas mensuales en mini-metas semanales. Esto me permitía evaluar mi desempeño continuamente y realizar ajustes estratégicos según fuera necesario.

### 6.2.3 Estrategia de Resistencia.

Así como en la Fórmula Uno, donde la resistencia del coche es crucial para llegar a la última vuelta, comprendí que mi resistencia emocional y mental era fundamental en ventas. Aprendí a manejar los rechazos, los desafíos y las objeciones de manera más efectiva, centrándome en la última vuelta, es decir, en cerrar la venta.

### 6.2.4 Enfoque en el Rendimiento a Largo Plazo.

Al igual que un equipo de Fórmula Uno se enfoca en el rendimiento a lo largo de la carrera en lugar de solo una vuelta, cambié mi perspectiva hacia un enfoque a largo plazo. Desarrollé relaciones sólidas con los clientes, construyendo confianza y lealtad en lugar de centrarme únicamente en ventas inmediatas.

### 6.2.5 Estrategia de Cierre Efectiva.

Entendí que el verdadero éxito no se encuentra en la vuelta más rápida, sino en el cierre efectivo al final del recorrido. Desarrollé tácticas de cierre que me permitían sellar el trato de manera convincente y, al mismo tiempo, proporcionar a los clientes una experiencia positiva.

Esta transformación estratégica fue clave para mi ascenso a "Top Seller". Aprendí que en ventas, al igual que en la

Fórmula Uno, el éxito no se logra por la vuelta más rápida, sino por el rendimiento constante y estratégico hasta el último momento de la carrera.


## 6.3 Historias Inspiradoras.

En este subcapítulo, exploraremos historias cautivadoras de individuos que han dejado una marca imborrable en el mundo de las ventas de clubes vacacionales. Cada una de estas personas ha superado expectativas y desafiado convenciones, demostrando que él éxito no siempre sigue un camino predecible.

### *Elpidia - "Elpi".*

En las cálidas tierras de Nuevo Vallarta, hoy Nuevo Nayarit, conocí a Elpidia, cariñosamente llamada Elpi. Originaria de una familia con limitaciones económicas, Elpi comenzó su carrera como Room-Girl en diversos desarrollos. Cuando la conocí, debo ser honesto, no tenía grandes expectativas. Sin embargo, cometí un error, uno que se ha destacado como el más sorprendente en mi carrera.

Su enfoque hacia los clientes difería de los estándares convencionales, pero vendió con un estilo peculiar. Hoy, Elpi es una vendedora que ha perfeccionado su arte, destacando la importancia de no prejuzgar a los colegas ni a las familias que atiendes en tus presentaciones. Su historia resalta la necesidad de reconocer y valorar las fortalezas únicas que cada individuo aporta al mundo de las ventas.

### Oralia - La Determinación Disciplinada.

Encontré a Oralia en su último año, proveniente de un trasfondo como ejecutiva de cuentas bancarias. Su enfoque inicial era metódico y sistemático, y aunque le costó aproximadamente cuatro meses lograr su primer contrato, su disciplina y determinación la llevaron a transformarse en una vendedora excepcional.

Siempre estudiando los beneficios del producto con una disciplina impresionante, Oralia ha cerrado tratos de más de 100,000 USD. Su historia es un testimonio de cómo la determinación y la disciplina pueden conducir a un éxito sobresaliente en la industria.

### Gonzalo - Desafiando los Límites.

Conocí a Gonzalo, cariñosamente llamado Chalo, durante mi primera experiencia en Mazatlán. Este vendedor uruguayo desafiaba los límites de cualquier resort con su personalidad única, graciosa y bromista. Una ocasión memorable fue cuando se encontró con una familia peculiar en una habitación muestra.

La familia estaba compuesta solo por una madre de unos 75 años en silla de ruedas y su hija adulta. En un encuentro inesperado, Gonzalo logró que la anciana, que llevaba años sin caminar, se pusiera de pie y brincara en la cama. Esta impactante demostración de empatía y creatividad no solo selló un trato, incluso si era pequeño en términos monetarios, sino que también ofreció una recompensa mucho mayor en términos de conexión humana y satisfacción personal.

### *Ernesto: El Cerrador Completo*

Ernesto, un gerente de ventas, destaca como el cerrador más completo que he conocido en mi experiencia. Manteniendo números sorprendentes, su habilidad para sellar tratos va más allá de las técnicas convencionales. Su enfoque estratégico, combinado con un profundo conocimiento del producto y empatía hacia los clientes, lo convierte en un referente en la industria. Ernesto es un recordatorio de que el cierre efectivo es una combinación de habilidades, comprensión del cliente y consistencia en la entrega de resultados impresionantes, no solo esa capacidad de cierre es lo que lo destaca, si no su capacidad para improvisar el Play-House  y take-away con clientes de venta nueva y socios por igual, demostrando que la estrategia combinada con el talento es el camino correcto hacia el Sí.

# 6.4 QUIZ.

¡Prepárate para una Trivia del Éxito en Ventas! Ponte a prueba con estas preguntas y opciones de respuesta. Descubre las lecciones clave que contribuyeron a mí transformación en el mundo de las ventas de clubes vacacionales.

Pregunta 1: ¿Qué estrategia adopté para alcanzar el éxito en las ventas?

a) Establecimiento de metas anuales

b) División de metas en mini-metas semanales

c) Ignorar la resistencia emocional

d) Enfoque exclusivo en ventas inmediatas

Pregunta 2: ¿Por qué decidí dividir mis metas mensuales en mini-metas semanales?

a) Para imitar la estrategia de la Fórmula Uno

b) Porque era una moda en ese momento

c) Para evitar cumplir con metas

d) Por recomendación de un colega

Pregunta 3: ¿Cuál fue la lección clave que aprendí de la Fórmula Uno?

a) La vuelta más rápida es la clave del éxito

b) El rendimiento a lo largo de la carrera es crucial

c) Ganar a cualquier costo, incluso si significa accidentarse

d) La resistencia no es importante en las ventas

Pregunta 4: ¿Qué aspecto emocional y mental consideré fundamental en ventas?

a) Ignorar por completo las objeciones

b) Desarrollar resistencia emocional y mental

c) Centrarme solo en ventas inmediatas

d) Evitar la interacción con los clientes

Pregunta 5: ¿Qué enfoque adopté para el rendimiento a largo plazo?

a) Solo enfocarme en ventas inmediatas

b) Desarrollar relaciones sólidas con los clientes

c) Cambiar de estrategia constantemente

d) Evitar construir confianza con los clientes

Respuestas:

b) División de metas en mini-metas semanales

a) Para imitar la estrategia de la Fórmula Uno

b) El rendimiento a lo largo de la carrera es crucial

b) Desarrollar resistencia emocional y mental

b) Desarrollar relaciones sólidas con los clientes

¡Descubre cuántas respuestas correctas obtuviste y qué tan preparado estás para alcanzar el éxito en ventas! Estas lecciones fueron esenciales en mi propio viaje hacia el éxito en la industria de clubes vacacionales, no tendría por qué ser diferente par ti.

# Capítulo 7: Desarrollando Relaciones Duraderas - Inspiración para la Excelencia en Ventas.

*"Las personas no se preocupan cuánto sabes hasta que saben cuánto te importa." - Theodore Roosevelt*

## 7.1 Importancia de las Relaciones en Ventas

En este capítulo, exploraremos la esencia de construir relaciones sólidas en el mundo de las ventas de clubes vacacionales. Las conexiones genuinas con los clientes no solo generan ventas, sino que también establecen la base para relaciones a largo plazo.

La importancia de construir relaciones sólidas en ventas, especialmente en la industria de clubes vacacionales, se evidencia en la capacidad de establecer conexiones duraderas qué trascienden la transacción inicial. Aquí, profundizaremos en esta idea, utilizando ejemplos tangibles de clientes con los que se ha compartido momentos de amistad y que han tomado decisiones de compra influidas por la relación personal.

Conexiones que Trascienden la Transacción

En muchos casos, la relación no termina con la firma del contrato. Se convierte en una asociación continua donde el vendedor no solo proporciona un producto o servicio, sino que también se convierte en un recurso confiable y un amigo. En tu experiencia, clientes con los que has compartido momentos personales pueden recordar y valorar esa conexión, creando un lazo que va más allá de lo transaccional.

Ejemplos Concretos de Relaciones Duraderas:

Ejemplo 1: La Fuerza de la Confianza y la Amistad

Recuerda a aquellos clientes con los que compartiste no solo detalles sobre destinos vacacionales, sino también experiencias personales, anécdotas y momentos de amistad. La confianza que se construye en estos intercambios trasciende la venta inicial. Estos clientes pueden convertirse en defensores leales que no solo compran una vez, sino que regresan y recomiendan tus servicios a otros.

Ejemplo 2: Decisiones de Compra Influenciadas por la Relación Personal.

Algunos de tus clientes pueden haber decidido comprar en determinados hoteles o desarrollos no solo por las características del producto, sino también por la presencia y asesoramiento personalizado que ofrecías. En estas situaciones, tu conexión personal y la confianza que has construido a lo largo del tiempo han sido un factor determinante en la toma de decisiones.

Beneficios de las Relaciones Duraderas:

**Lealtad a Largo Plazo:** Los clientes que sienten una conexión personal tienden a ser más leales a lo largo del tiempo, eligiendo tus servicios incluso cuando hay otras opciones disponibles.

**Referencias y Recomendaciones:** La satisfacción con la relación personal puede llevar a que los clientes recomienden tus servicios a amigos, familiares y conocidos, generando oportunidades adicionales.

**Flexibilidad en las Decisiones de Compra:** Los clientes que confían en ti pueden estar dispuestos a considerar diferentes opciones y tomar decisiones de compra basadas en la relación que han construido contigo.

En Resumen:

La importancia de las relaciones en ventas radica en la capacidad de ir más allá de la simple transacción y construir una conexión auténtica con los clientes. Estos vínculos personales no solo impactan positivamente en la experiencia del cliente, sino que también tienen el potencial de influir en decisiones de compra futuras y en la creación de una red de lealtad a largo plazo. En tu trayectoria, estos ejemplos tangibles demuestran cómo la amistad y la confianza han sido fundamentales en la toma de decisiones de tus clientes, convirtiéndote no solo en un vendedor, sino en un asesor y amigo confiable.

## 7.2 Estrategias para Mantener la Lealtad del Cliente.

Descubrirás estrategias prácticas para mantener la lealtad del cliente y fomentar referencias valiosas. Desde un servicio excepcional hasta la personalización de las interacciones, abordaremos cómo convertir a los clientes en defensores leales de tu marca.

Inspiración para la Excelencia:

"El verdadero éxito en ventas no se mide solo por transacciones exitosas, sino por las relaciones duraderas que construyes en el proceso. Cada interacción es una oportunidad para dejar una impresión positiva y convertir a un cliente en un amigo y defensor de tu servicio."

Consejo Inspirador:

"No subestimes el poder de una sonrisa, un gesto amable o la disposición genuina de ayudar. En cada venta, estás no solo ofreciendo un producto o servicio, sino también construyendo puentes hacia conexiones significativas. La excelencia en ventas no es solo cerrar un trato, es abrir las puertas a relaciones que perduran."

# 7.3 Aplicación Práctica.

A lo largo del capítulo, te presentaré casos de estudio y ejemplos prácticos que ilustran cómo la construcción de relaciones duraderas puede transformar no solo tu carrera, sino también la experiencia del cliente.

Este capítulo te inspirará a elevar tu enfoque de ventas más allá de la transacción y te equipará con las herramientas necesarias para construir relaciones sólidas que perduren a lo largo del tiempo. ¡Prepárate para descubrir la verdadera magia de las ventas a través de conexiones auténticas y duraderas!

# 7.4 Casos de Estudio: Construyendo Conexiones Significativas.

En este apartado, exploraremos casos de estudio reales que demuestran cómo la construcción de relaciones significativas ha sido la clave del éxito en ventas de clubes vacacionales. Descubrirás como la atención personalizada, la empatía y la dedicación han transformado clientes ocasionales en embajadores entusiastas de la marca.

Caso 1: De Cliente a Amigo.
Conoce la historia de María y Juan, una pareja que inicialmente buscaba unas vacaciones, pero que, gracias a una atención personalizada y seguimiento continuo, se convirtieron en amigos leales y promotores activos de la marca. Aprenderás como la atención a los detalles y el

compromiso genuino pueden trascender la relación comercial.

Caso 2: Superando Desafíos Juntos.

Exploraremos el caso de Ricardo, un cliente que enfrentó obstáculos inesperados durante su experiencia vacacional. Descubrirás como nuestro enfoque proactivo y nuestro compromiso en superar esos desafíos no solo resolvieron la situación, sino que también fortalecieron la relación y generaron una lealtad a largo plazo.

## 7.5 Lecciones Aprendidas y Consejos Prácticos.

Lección 1: La Escucha Activa

El arte de escuchar activamente es fundamental. No solo se trata de entender las necesidades del cliente, sino también de demostrar empatía y mostrar que sus preocupaciones son una prioridad para ti.

Lección 2: Personalización en la Experiencia del Cliente

Cada cliente es único, y la personalización de la experiencia puede marcar la diferencia. Desde recordar fechas especiales hasta adaptar las ofertas según sus preferencias, la personalización crea un lazo emocional duradero.

Lección 3: Más Allá de la Transacción

El cierre de una venta no es el fin, sino el comienzo de una relación. Mantén el contacto, muestra interés en su bienestar y encuentra formas de agregar valor incluso después de que la transacción se haya completado.

## 7.6 Inspiración Final: Construyendo un Legado en Ventas.

"La excelencia en ventas no solo se mide en cifras, sino en las historias que creas y las relaciones que construyes. Deja un legado no solo como un vendedor exitoso, sino como alguien que impacta positivamente la vida de los demás a través de conexiones auténticas y duraderas."

En este capítulo, te invito a reflexionar sobre cómo tu enfoque en las relaciones puede transformar tu carrera en ventas y dejar una huella duradera en la industria de clubes vacacionales. ¡Prepárate para embarcarte en un viaje donde cada conexión cuenta y donde la excelencia en ventas va más allá de la transacción!

7.6.1 ¿Cómo te gustaría que te recordaran?

En la reflexión sobre la importancia de construir relaciones duraderas, es crucial considerar la impresión que dejas en los demás. Como vendedor, esta pregunta actúa como un regaño constructivo que nos invita a evaluar no solo nuestras habilidades comerciales, sino también nuestro impacto en la vida de los clientes. ¿Cómo te gustaría ser recordado cuando ya no estés aquí?

Reflexiona:

*¿Estás dejando una impresión positiva en cada interacción con tus clientes?*

*¿Estás construyendo relaciones que van más allá de la venta y perduran en el tiempo?*

*¿Tu enfoque es genuino y orientado a servir a los clientes de la mejor manera posible?*

Recuerda, cada interacción es una oportunidad para dejar una huella positiva en la vida de los demás. Considera como te gustaría ser recordado y ajusta tu enfoque para construir relaciones que perduren y trasciendan la transacción comercial.

# Capítulo 8: Innovaciones en Ventas - Navegando por el Mundo de la Comunicación Instantánea.

*"La innovación distingue entre un líder y un seguidor." - Steve Jobs*

## 8.1 Últimas Tendencias y Tecnologías.

En este capítulo, exploraremos cómo las innovaciones en la comunicación instantánea han transformado el panorama de las ventas en la industria de clubes vacacionales. Conéctate con los cambios y descubre cómo adaptarte a estas tendencias puede potenciar tu éxito como vendedor.

8.1.1 Mensajería Instantánea: Un Canal de Comunicación Vital.

En tu experiencia, has presenciado la evolución de la comunicación en ventas. Las plataformas de mensajería instantánea se han convertido en un canal esencial para interactuar con los clientes. Desde WhatsApp hasta Facebook Messenger, estas herramientas ofrecen una forma rápida y directa de mantener una comunicación constante.

8.1.2 La Importancia de Contestar el Teléfono.

Aunque algunos clientes pueden no haber estado de acuerdo contigo en el pasado, es vital destacar que la comunicación instantánea ofrece una oportunidad para rectificar malentendidos. Contestar el teléfono, incluso en situaciones desafiantes, demuestra profesionalismo y disposición para abordar preocupaciones, si decides no hacerlo, ten por seguro que en algún momento eso te puede jugar en contra (créeme a mi me paso).

## 8.2 Herramientas Digitales: Fusionando lo Personal y lo Profesional.

8.2.1 Personalización a Través de Mensajes Directos.

Descubre cómo las herramientas digitales te permiten personalizar las interacciones. Utiliza mensajes directos para ofrecer información específica y adaptada a las necesidades individuales de cada cliente. La personalización crea un vínculo emocional y fortalece la relación.

### 8.2.2 Navegando las Expectativas del Cliente.

Con la inmediatez de la comunicación instantánea, los clientes esperan respuestas rápidas. Navegar estas expectativas con eficacia demuestra tu compromiso con la satisfacción del cliente. Implementa estrategias para gestionar de manera efectiva las conversaciones, proporcionando información valiosa de manera oportuna.

# 8.3 Adaptándote al Cambio y Evolucionando en Ventas.

### 8.3.1 Flexibilidad en la Comunicación.

La adaptabilidad es clave en la era digital. Aprende a ser flexible en tu enfoque de comunicación, utilizando las herramientas que mejor se adapten a cada cliente. La versatilidad en la comunicación instantánea te permite estar presente en el canal preferido de tus clientes.

### 8.3.2 Previniendo Comentarios Negativos en Redes Sociales.

La comunicación instantánea no solo es una herramienta para vender, sino también para gestionar crisis potenciales. Contestar el teléfono y abordar preocupaciones de manera directa puede prevenir comentarios negativos en redes sociales, construyendo una reputación positiva para ti y el desarrollo.

# 8.4 El Futuro de las Ventas: Adaptación Continua.

### 8.4.1 Mantente Actualizado con las Tendencias Emergentes.

En este mundo digital en constante evolución, la adaptación continua es esencial. Mantente informado sobre las tendencias emergentes en comunicación instantánea y ventas. La capacidad de anticipar y abrazar el cambio te posicionará como un vendedor líder en la industria.

### 8.4.2 Integrando lo Humano en lo Digital.

A pesar de la omnipresencia de la tecnología, recuerda la importancia de mantener la autenticidad y el toque humano en tus interacciones. Las herramientas digitales son facilitadoras, pero la conexión personal sigue siendo fundamental en las ventas de clubes vacacionales.

# 8.5 Herramientas Digitales: Potenciando Tu Rendimiento.

### 8.5.1 Uso Estratégico de la Automatización.

Explora cómo la automatización puede optimizar tu eficiencia en la comunicación instantánea. Utiliza respuestas automáticas y flujos de trabajo para gestionar eficazmente las interacciones y brindar respuestas rápidas y personalizadas.

8.5.2 Integración de Analíticas para Mejorar Estrategias.

Aprovecha las analíticas para evaluar el rendimiento de tus interacciones. Examina métricas como el tiempo de respuesta, el compromiso del cliente y las conversiones para ajustar y mejorar continuamente tus estrategias de ventas.

## 8.6 Consejos Prácticos para Navegar por la Comunicación Instantánea.

8.6.1 Establece Horarios de Disponibilidad.

Define horarios específicos para estar disponible en las plataformas de mensajería instantánea. Esto permite una gestión efectiva del tiempo y garantiza respuestas de calidad.

8.6.2 Cuida la Calidad de las Respuestas.

Prioriza la calidad sobre la cantidad en tus respuestas. Aunque la velocidad es esencial, la claridad y la precisión son fundamentales para construir relaciones sólidas.

## 8.7 Reflexión Final: Navegando el Mar de la Comunicación Digital.

Este capítulo concluye con una reflexión sobre la importancia de abrazar las innovaciones en comunicación instantánea. Como vendedor, tu habilidad para adaptarte a estas tendencias determinará tu éxito en un mundo cada vez más digitalizado. La integración efectiva de la tecnología en tus estrategias de ventas te posicionará como un líder en la industria de clubes vacacionales. ¡Prepárate para navegar el mar de la comunicación digital y potenciar tu rendimiento!

# Capítulo 9: El vendedor del futuro.

*"El futuro pertenece a aquellos que creen en la belleza de sus sueños." - Eleanor Roosevelt.*

## 9.1 Habilidades y Competencias Esenciales: Identificación de habilidades clave.

9.1.1 Habilidades Tradicionales de Ventas.

¡Bienvenidos a la sección donde nos sumergiremos en las habilidades clásicas que todo buen vendedor debe tener en su arsenal! No es solo sobre vender, es sobre cómo lo haces.

-Desarrollo de habilidades de comunicación persuasiva:
Vendedor del Futuro:¿Sabes cuál es el secreto de una buena venta? La comunicación. No es solo hablar, sino conectar con tu cliente. ¿Qué les emociona? ¿Cuáles son sus preocupaciones? Si puedes articular como tu producto o servicio resuelve sus problemas, ¡estás a mitad de camino!

Lector: Entendido, ¿pero cómo mejoro eso?

Vendedor del Futuro: ¡Práctica! Ya sea frente al espejo o con amigos, trabaja en tu tono, lenguaje corporal y escucha activa. Cuanto más natural te sientas, más auténtico serás.

Construcción de relaciones sólidas con los clientes:

Vendedor del Futuro: La venta no termina cuando cierras el trato. Es el comienzo de una relación. Sé auténtico, demuestra que te importa y, sobre todo, mantén la promesa que haces.

Lector: ¿Cómo puedo mantener esa relación después de la venta?

Vendedor del Futuro: Mantén el contacto, sigue siendo útil y siempre busca maneras de agregar valor. Un cliente satisfecho no solo compra una vez, ¡vuelve y trae amigos!

Manejo efectivo de objeciones:

Vendedor del Futuro: Las objeciones son como un juego de ajedrez. Anticipa los movimientos y ten respuestas preparadas. Pero, lo más importante, entiende la objeción. ¿Es el precio, la calidad, o algo más?

Lector: ¿Y si no tengo la respuesta?

Vendedor del Futuro: No hay problema. A veces, admitir que no tienes toda la información pero que la conseguirás, construye confianza. La honestidad siempre gana.

9.1.2 Habilidades Digitales.

¡Vamos con las habilidades digitales! En un mundo cada vez más conectado, ser un vendedor del futuro significa dominar el arte de la venta en línea.

Dominio de plataformas de ventas en línea y redes sociales:
Vendedor del Futuro: Instagram, LinkedIn, Facebook: conócelos como la palma de tu mano. Estos son tus campos de juego. Publica contenido relevante, interactúa y construye tu marca personal.

Lector: ¿Y si no soy muy activo en redes sociales?

Vendedor del Futuro: ¡Hora de cambiar eso! Empieza poco a poco, comparte tu conocimiento y experiencia. Cuanto más visible seas, más confianza generarás.

Uso efectivo de herramientas de análisis de datos:
Vendedor del Futuro: Las estadísticas no son solo para los nerds. Analiza datos para comprender qué funciona y que no. ¿Qué productos tienen más demanda? ¿En qué momento del día responden mejor tus clientes?

Lector: ¿Cómo aprendo a hacer eso?

Vendedor del Futuro: Hay muchas herramientas en línea y cursos gratuitos. Dedica un tiempo a explorar Google

Analytics, por ejemplo. ¡Te sorprenderá lo que puedes descubrir!

Adaptabilidad a las tecnologías emergentes:
Vendedor del Futuro: No tengas miedo de las nuevas tecnologías. La realidad virtual, la inteligencia artificial, son el futuro. Mantente al día, ¡podrían ser tus mejores aliados!

Lector: ¿Pero por dónde empiezo?

Vendedor del Futuro: Lee, investiga y participa en eventos del sector. Habla con colegas que estén adoptando nuevas tecnologías. La clave es estar siempre curioso.

9.1.3 Adaptabilidad al Cambio

¡Hora de hablar de adaptabilidad, una habilidad crucial en un mundo que cambia rápidamente!

Entrenamiento continuo:
Vendedor del Futuro: La formación no es solo para principiantes. Invierte en ti mismo. Cursos en línea, talleres, ¡lo que sea! La educación continua te mantiene afilado.

Lector: ¿Pero y si no tengo mucho tiempo?

Vendedor del Futuro: No se trata de la cantidad de tiempo, sino de la calidad. Dedica incluso solo 30 minutos al día a aprender algo nuevo. ¡Sumará!

Flexibilidad para adaptarse a cambios:

Vendedor del Futuro: El cambio es constante, así que abrázalo. Si algo no funciona, ajusta tu enfoque. Mantente al tanto de las tendencias del mercado y se proactivo.

Lector: ¿Cómo sé cuándo es el momento de cambiar?

Vendedor del Futuro: Escucha a tus clientes y observa la industria. Si algo deja de resonar, es hora de pivotar. La clave es estar siempre alerta.

Recordando 15 años atrás...

Vendedor del Futuro:¡Antes de sumergirnos completamente en estas habilidades del futuro, déjenme contarles algo. Hace 15 años, cuando la venta en línea y las redes sociales eran conceptos nuevos, muchos de nosotros éramos escépticos. Pensábamos que era imposible que la forma en que vendíamos cambiara tanto. Pero aquí estamos hoy, utilizando estas herramientas de manera cotidiana. Es un recordatorio de que la industria evoluciona, y adaptarnos es clave. Lo que hoy parece inalcanzable podría ser la norma mañana. Así que, ¡prepárense para lo inesperado y abracen el cambio! El futuro está lleno de posibilidades emocionantes. ¡Sigamos adelante!

# Capítulo 10: Cierre Exitoso: El SÍ definitivo.

*"El cierre no es algo que haces al cliente; es algo que haces por y con el cliente." - Zig Ziglar.*

## 10.1 Técnicas y Enfoques: Detalles sobre técnicas y enfoques efectivos para cerrar acuerdos de manera convincente.

¡Bienvenidos al Capítulo 10, dónde desentrañaremos los secretos del cierre exitoso! Aquí no se trata solo de cerrar la venta, sino de obtener el "Sí" definitivo del cliente. ¿Listos para aprender algunas técnicas poderosas?

Técnica del Beneficio Final:

**Vendedor Experto:** Imagina que ya cerraste el trato. Ahora, resalta uno de los beneficios clave de tu producto o servicio. Pídele al cliente que imagine cómo ese beneficio mejorará significativamente su vida o experiencia vacacional. Puede ser algo como: "Imagina que este verano disfrutas de unas vacaciones familiares inolvidables, creando recuerdos que durarán toda la vida. ¿Te gustaría experimentar eso?"

Técnica del Sumario:

**Vendedor Experto:** Antes de cerrar, resume los puntos clave de la conversación de venta. Refuerza como tú producto aborda las necesidades específicas del cliente. Luego, con confianza, pregunta si están listos para tomar la decisión. Podrías decir algo así: "Hemos hablado de tus deseos y necesidades, y creo que este paquete de vacaciones no solo cumple, sino que supera tus expectativas. ¿Estás listo para dar el siguiente paso y disfrutar de estas experiencias?"

Técnica de la Alternativa Convincente:

**Vendedor Experto:** Presenta dos opciones, ambas favorables para ti. Por ejemplo, "¿Prefiere el paquete de vacaciones con beneficio A o el beneficio B?" De esta manera, estás dirigiendo la decisión hacia la compra, no hacia la abstención. Puedes agregar un toque emocional, como: "Imagina la emoción de elegir exactamente cómo quieres que sean tus vacaciones. ¿Te gustaría decidir entre estas dos opciones increíbles?"

Técnica de la Cartera:

**Vendedor Experto:** Imagina que él Sr. Pérez no está convencido, pero la Sra. Pérez ansía unirse al club vacacional. En este momento, despejas tu mesa y le dices al Sr. Pérez que está bien que diga no, pero le pides que saque su cartera, asegurándole que es solo un ejercicio. Luego, solicitas que la sostenga sobre la mesa con una mano y que con la otra mano sostenga la mano de su esposa a la misma altura.

**Vendedor Experto:** Sr. Pérez, entiendo que quizás no quiera cerrar el trato hoy debido a las preocupaciones económicas, y eso está completamente bien. Pero antes de irse, quiero pedirle un favor. Si lo que estamos discutiendo tiene sentido para usted, ¿podría comprometerse a considerar adquirir nuestra membresía en el futuro?

**Sr. Pérez:** (titubeando) Sí, supongo que podría considerarlo.

**Vendedor Experto:** Perfecto. Ahora, por favor, suelte una de las dos cosas que tiene en sus manos, la que menos le importe. Esto es solo para simbolizar su compromiso de considerar nuestra oferta en el futuro.

Esta técnica de la cartera no solo permite al cliente expresar su disposición a considerar la oferta en el futuro, sino que también brinda la oportunidad de adaptar el trato a sus necesidades económicas. ¡Vamos por ese "Sí" definitivo!

## 10.2 Casos de Estudio: Estudio de casos que ilustran cierres exitosos en la industria de clubes vacacionales

¡Pasemos a los casos de estudio! ¿Qué mejor manera de aprender que observar situaciones reales? Analicemos algunas historias de cierres memorables.

Caso 1: "La Experiencia Familiar Personalizada"

**Contexto:** Conocimos a la familia Rodríguez, quienes expresaron su preocupación sobre cómo garantizarían una experiencia adecuada para sus hijos.

**Enfoque:** Destacamos un paquete personalizado que incluía actividades específicas para cada miembro de la familia, asegurando que todos disfrutarían al máximo.

**Resultado:** A pesar de las objeciones sobre la adecuación para los niños, la familia Rodríguez se sintió emocionada al pensar en las risas y alegrías de sus hijos durante las vacaciones. El cierre se logró al combinar emoción y lógica.

Caso 2: "La Oferta Única de los Pérez"

**Contexto:** La familia Pérez estaba comparando ofertas de diferentes proveedores, preocupada por no encontrar algo único.

**Enfoque:** Creamos una oferta personalizada, combinando características de varias ofertas de la competencia para hacerla exclusiva para la familia Pérez.

**Resultado:** A pesar de las objeciones sobre la competencia, los Pérez se sintieron atraídos por la idea de tener algo diseñado específicamente para ellos. ¡El "Sí" fue inminente!

Caso 3: "La Decisión Emocional de los Martínez"

Contexto: La pareja Martínez mostraba interés pero dudaba en comprometerse debido a preocupaciones económicas.

Enfoque: Conectamos las vacaciones con experiencias emocionales positivas, haciendo hincapié en cómo fortalecerían los lazos familiares, incluso con compromisos económicos.

Resultado: A pesar de las objeciones financieras, los Martínez se dejaron llevar por la emoción de crear recuerdos únicos en unas vacaciones bien merecidas.

Vendedor Experto: Entiendo que las preocupaciones financieras son una parte importante

de la toma de decisiones. Pero permítanme hacerles una pregunta, ¿cuál es el precio de una sonrisa en el rostro de sus hijos cuando están disfrutando de unas vacaciones increíbles?

Sra. Martínez: Bueno, sí, es solo que...

Vendedor Experto: (interrumpiendo suavemente) Sé que la decisión de invertir en unas vacaciones puede parecer grande, pero a veces, lo que estamos realmente pagando es por momentos y experiencias que atesoraremos toda la vida. Permítanme ser sincero, cuando nos dicen "no", en realidad, ¿a quién le dicen "no"? No es solo a mí, es a sus hijos y a su familia. Están perdiendo la oportunidad de ser socios de nuestro club, de crear recuerdos que durarán toda la vida. ¿Realmente quieren privar a sus seres queridos de esa oportunidad?

Sr. Martínez: No lo habíamos visto de esa manera...

Vendedor Experto: Entiendo que tomar esta decisión puede ser difícil, pero recuerden, no solo están invirtiendo en unas vacaciones, están invirtiendo en la felicidad de su familia. Y sé que eso no tiene precio. Además, estoy aquí para ayudarles a encontrar la mejor solución financiera para ustedes. ¿Podemos explorar juntos cómo hacer que esto sea posible?

Este enfoque no solo destaca el valor emocional de la inversión, sino que también apela a la responsabilidad parental y la importancia de no perderse oportunidades únicas. La pregunta sobre el precio de la sonrisa de los hijos es una poderosa herramienta para enfocar la atención en lo que realmente importa: la felicidad y los recuerdos de la familia, como comentario adicional al igual que yo cuando uso esta técnica, muestro esa fotografía que viste una pagina antes, y si, lo descubriste ese pequeño es Luis Heim, llegando a Mazatlan, Sinaloa, México, en una de esas vacaciones; abro mi corazón en estas lineas para ti, te soy muy franco, no había visto cuan feliz fui con unas pequeñas vacaciones, hoy esas fotos, son tesoros invaluables, testimonios previsores de lo que vendría treinta y tres años mas tarde.

Estos casos de estudio demuestran que, incluso con objeciones complejas y preocupaciones económicas, el momento especial de estar de vacaciones y la combinación de emoción y lógica pueden llevar a un "Sí" definitivo. ¡Así que prepárate para cerrar con éxito y hacer que esas vacaciones sean inolvidables para tus clientes!

# Capítulo 11: Recursos Adicionales.

*"La educación es el arma más poderosa que puedes usar para cambiar el mundo." - Nelson Mandela*

## 11.1 Recomendaciones de Lecturas

En la travesía hacia la maestría en ventas de clubes vacacionales, la búsqueda constante de conocimiento es esencial. Aquí te presentamos algunas lecturas poderosas que iluminarán tu camino:

### *El Líder que no Tenía Cargo de Robin Sharma:*

Explora la idea de liderazgo en todos los niveles de una organización y cómo cada individuo puede ser un líder, aportando valiosas lecciones sobre influencia y motivación, los diez arrepentimientos del ser humano que se describen aquí, marcaron no solo mi carrera, sino mi vida entera.

### *Mentalidad de Tiburón de Manuel SotoMayor Landecho:*

Este libro te sumerge en la mentalidad de lucha y perseverancia, elementos cruciales en el mundo de las ventas, ademas de sus 13 leyes de pura disciplina. Hay una historia de un boxeador que me enchina la piel cada que la leo.

### Timing: Tiempo de Ganar de Carlos Cuauhtémoc Sánchez:

Este libro profundiza en la importancia del tiempo en nuestras vidas y como aprovecharlo para alcanzar el éxito. Aquí encontré las tres motivaciones del ser humano, me ayudo a entender mi misión como ejecutivo de ventas.

### Inteligencia Emocional de Daniel Goleman:

La inteligencia emocional es clave en las interacciones humanas. Este libro te proporcionará una comprensión profunda de cómo las emociones influyen en el comportamiento del ser humano.

### El Camino del Lobo de Jordan Belfort:

Escrito por el legendario Jordan Belfort, este libro te guiará a través de estrategias probadas para el éxito en las ventas, brindándote una perspectiva única y poderosa. Para mí, hay un antes y un después de este libro.

## 11.2 Herramientas y Recursos

El éxito en las ventas también depende de las herramientas y recursos que elijas utilizar. Aquí algunas recomendaciones:

**Software de Gestión de Clientes:**

Utiliza plataformas como Salesforce o HubSpot para mantener un seguimiento eficiente de tus clientes potenciales y establecer relaciones sólidas.

**Entrenamientos Específicos:**

Participa en programas de formación continua específicos para la industria de clubes vacacionales. Busca webinars, cursos en línea y seminarios que amplíen tus habilidades.

**Aplicaciones de Productividad:**

Aprovecha herramientas como Trello, Asana o Evernote para organizar tu día, establecer metas y realizar un seguimiento de tus actividades de ventas.

# Capítulo 12: Agradecimientos.

*"La gratitud es la memoria del corazón." - Jean Baptiste Massieu*

Reconocimientos a Quienes Contribuyeron al Desarrollo del Libro

Este viaje no habría sido posible sin el apoyo y contribución de personas notables. Mi profundo agradecimiento a:

**Mi Esposa, María Isabel Guerra Yañez:**
*Tu paciencia, apoyo incondicional y comprensión fueron pilares fundamentales en la creación de este libro.*

**Mis Hijas Tifanny Jazmín, Renata Guadalupe y Regina Victoria:**
*Por ser la inspiración constante y recordarme la importancia de cada "Sí" en la vida.*

**Mi Madre, Raquel Trejo Romero:**
*Por su amor, sabiduría y apoyo constante en cada etapa de mi vida.*

**Mi Padre, Francisco Mario Heim Soria (descanse en paz) :**

El mejor ejemplo de trabajo y disciplina, los valores y la importancia de hacer las cosas bien.

**Mis Hermanos Nancy, Juan, Pepe:**

Por su inquebrantable respaldo y complicidad a lo largo de los años, apoyo incondicional y hermandad en todo el sentido de la palabra.

**Mis Sobrinos:**

Gracias mis niños por estar ahí siempre apoyándome cuando mas lo necesite, a la distancia les mando un abrazo enorme de tío Luis.

**Mis Mentores: Willie Bonano (descanse en paz), Luis Rosales, Gerardo Castañon, Sebastian Merlo:**

Por su guía invaluable y sabiduría que han sido faros en mi carrera.

**Alma Gabriela Atala:**

Reconocimiento especial como la mejor líder que he tenido. Tu liderazgo inspirador y apoyo constante han sido fundamentales en mi crecimiento profesional.

### Ricardo Arriola:

Mi ejemplo en la vida como líder. Tu dedicación, ética de trabajo y visión han sido una guía inigualable en mi carrera.

### Margarita Bibiano:

Una jefa y líder excepcional que ha modelado mi camino profesional, trato humano y maternal.

### Colegas y Colaboradores:

A cada miembro del equipo en Bahía Mita, lugar donde encontré mi mejor versión y que sé que aun me falta mas por dar.

A todos los asistentes, supervisores de mercadotecnia, directores de proyecto, roomboys, verificadores, hostess y cada individuo que ha sido parte de esta gran carrera, ¡gracias! Su contribución ha sido invaluable y ha dejado una huella imborrable en este viaje hacia el "Sí".

Que este libro te ayude a encontrar tu ruta hacia el "Sí" definitivo, al igual que lo hicieron "Mentalidad de Tiburón" y "El Camino del Lobo" en mi propia vida.

**Si deseas contactarme de manera personal, no dudes en escribirme a través de mi correo electrónico: heimluis@icloud.com. Estoy ansioso por seguir compartiendo experiencias y conocimientos contigo.**

# ¡GRACIAS¡